OUVERTURE

DE LA

MAISON DES ORPHELINES

DE LA GUERRE

OUVERTURE

DE LA

MAISON DES ORPHELINES

DE LA GUERRE

SOUS LE

PATRONAGE DE NOTRE-DAME-DES-ANGES

AVEC LE DISCOURS

PRONONCÉ A CETTE OCCASION

Par le R. P. MONSABRÉ

de l'Ordre des Frères-Prêcheurs.

5 AOUT 1871

ANGERS,

IMPRIMERIE P. LACHÈSE, BELLEUVRE ET DOLBEAU,

13, rue Chaussée Saint-Pierre.

1871.

OUVERTURE

DE LA

MAISON DES ORPHELINES

DE LA GUERRE

SOUS LE

PATRONAGE DE NOTRE-DAME-DES-ANGES

---

5 AOUT 1871

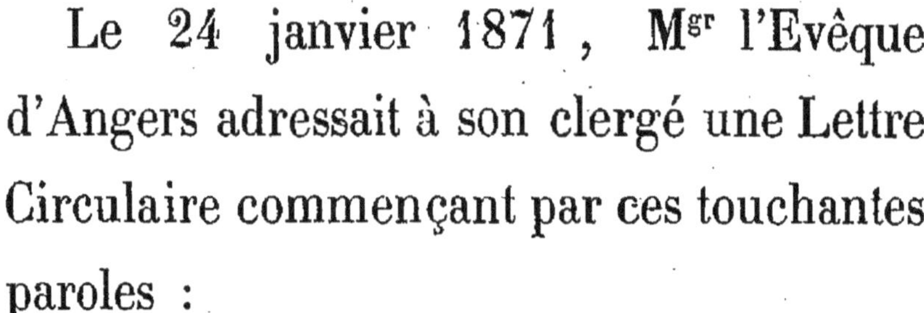

Le 24 janvier 1871, Mgr l'Evêque d'Angers adressait à son clergé une Lettre Circulaire commençant par ces touchantes paroles :

« Parmi toutes les situations créées par la guerre, il n'en est pas de plus douloureuse

que celle des familles frappées dans leur chef.
Nos cœurs se brisent devant le deuil d'un père
ou d'une mère auxquels une balle ennemie vient
d'enlever en un clin d'œil un fils dont l'éducation leur avait coûté vingt années de peines,
de soucis et de sacrifices. Nous mêlons nos
larmes à celles de l'épouse et de la sœur
atteintes par la mort du soldat dans leurs
affections les plus chères et les plus intimes. Mais
l'enfant, qui ne reverra plus son père, tombé
sur un champ de bataille, et qui, seul, désor-
mais, sans guide ni soutien, se voit délaissé à
l'âge même où sa faiblesse réclamerait le plus
de secours, l'orphelin, en un mot, ah! qu'y
a-t-il de plus digne de compassion sur la terre,
et quelle infortune pourrait être comparée à
la sienne?

« Il appartient à la religion de venir en aide
à de pareils malheurs, et d'adopter comme

une seconde mère ceux que la mort a privés de leurs protecteurs naturels. Dès le commencement de la guerre, j'ai dû me préoccuper du sort des enfants qu'elle laisserait dépourvus de toutes ressources, et j'ai le bonheur de pouvoir annoncer que toutes mes mesures sont prises pour qu'aucune de ces pauvres victimes ne demeure abandonnée. Des personnes charitables, dont je ne tais le nom qu'à regret, ont bien voulu mettre à ma disposition le local et les premiers fonds nécessaires pour commencer une œuvre qui ne pouvait qu'être sympathique à un pays si fertile en dévouements de tout genre. »

Cette œuvre, après avoir traversé les tribulations que rencontre toute fondation charitable, a reçu le samedi 5 août 1871, une solennelle consécration. Dès sept heures du matin la foule s'arrêtait étonnée devant une porte pavoisée de la rue Saint-Eutrope. Un écusson portant abeille d'or sur champ d'azur, annonçait la présence du vénéré Pasteur dont la vie laborieuse est toute employée à faire goûter à ses chers diocésains le doux miel de sa parole et de sa charité. Mgr Freppel devait venir en effet bénir la chapelle et ouvrir l'Orphelinat de Notre-Dame-des-Anges.

A huit heures la cérémonie a commencé au milieu d'une assistance recueillie où les gens du peuple se mêlaient aux personnes de haute distinction. Monseigneur assisté de ses secrétaires, de M. le curé de Saint-Laud, du T.-R. P. Chrysostôme, gardien des Capucins et directeur de l'œuvre, du T.-R. P. Monsabré, de l'ordre des Frères prêcheurs, du R. P. Leduc, bénédictin, bienfaiteur de la maison, et de plusieurs ecclésiastiques, a béni d'abord le petit sanctuaire puis célébré la sainte messe.

On ne pouvait s'empêcher de remarquer, autour de l'éminent Prélat, la présence de ces dignes religieux qui représentaient les grands ordres de l'Eglise, et dont les prières, nous n'en doutons pas, affermiront une œuvre si heureusement inaugurée.

Après le dernier Evangile, le T.-R. P. Monsabré, invité pour cette cérémonie et heureux de contribuer à cette pieuse et patriotique fondation, a adressé à sa Grandeur l'allocution suivante :

« Monseigneur,

« La charité est le sourire de Dieu sur la terre ; quand il semble se cacher, elle nous le révèle ; quand il fait entendre les menaces de sa colère, elle nous rappelle les promesses de sa miséricorde ; quand il abaisse la main sévère de sa justice, elle adoucit ses coups ; quand il a frappé, elle guérit les plaies qu'il a faites. Sourire de Dieu, elle devient en passant par le cœur des hommes, une réponse éloquente et sans réplique à toutes les craintes et à tous les découragements. Il faut espérer contre l'espérance même, lorsque la charité survit au milieu des ruines que multiplient et les fléaux du ciel et les discordes de la terre. La charité, c'est la vraie vie ; aucune violence ne peut avoir raison d'un peuple chez qui l'amour ne souffre que pour être plus prodigue de bienfaits. Heureux donc, malgré ses infortunes, heureux le peuple qui peut célébrer encore les fêtes de la charité !

« Plus que toutes les villes de France, la ville d'Angers a eu le bonheur pendant la lugubre année qui vient de s'écouler, d'être plusieurs fois consolée par ces fêtes. Elle les doit, Monseigneur, à la généreuse ardeur de votre âme vraiment épiscopale, qui sait vouloir avec fermeté le bien qu'elle conçoit avec une promptitude dont on a peu d'exemples. En quelques mois, que de nobles et saintes œuvres vous avez accomplies ! La reconnaissance publique ne peut les taire. J'ai l'honneur d'être aujourd'hui son interprète et j'en suis heureux et fier. Sans doute les trop vives lumières de la publicité blessent les grandes âmes, l'ombre discrète et le silence sont chers à leur modestie, mais peuvent-elles nous refuser d'admirer et de bénir en elles le Père des lumières et l'Auteur de tout don parfait?

« C'est à lui que s'adressent nos louanges et nos actions de grâces, car c'est lui qui depuis longtemps préparait à ce diocèse un évêque selon son cœur. C'est lui qui fécondait cette intelligence dont les graves leçons révélaient naguère aux âmes studieuses la force, la grâce, et la sublimité de l'éloquence chrétienne dans les premiers âges de l'Eglise; c'est lui qui ouvrait cette bouche d'or, dont les accents charmèrent pendant plusieurs années la jeunesse de la capitale. C'est lui qui mûrissait sous le feu de ses saintes inspirations cette science si sûre et cette foi si ardente que vit briller le mémorable concile du Vatican. Dieu vous a choisi, Monseigneur, et élevé au rang suprême dans l'Eglise, moins parce qu'il était temps de récompenser vos travaux que parce que l'heure était venue de vous demander de plus illustres services.

« Comme vous avez bien entendu cette vocation ! Vous veniez à peine de donner à Rome le témoignage de la foi, que vous accouriez en France pour donner à votre diocèse le témoignage de l'amour. Tout de suite votre cœur se révéla, et mieux que César vous auriez pu dire alors : « Je suis venu, j'ai vu, j'ai vaincu ; *Veni, vidi, vici.* » Toutes les âmes, en vous entendant une première fois, vous donnèrent leur confiance, parce qu'elles comprirent qu'elles pouvaient tout attendre de votre dévouement, si les événements trompaient leurs patriotiques espérances.

« Hélas ! ces espérances n'étaient qu'illusions. Un passé honteux conspirait contre la France. Trahie par Dieu plus que par les hommes, elle commençait à s'affaisser, il y aura demain un an, sous le poids des lourds bataillons de l'Allemagne. Nous l'avons vue depuis, sanglante et mutilée, gisant sous les pieds de ces demi-barbares qui semblaient vouloir exprimer toute sa vie, et, comble de la honte et de l'infortune, frappée au cœur par des sauvages, ses propres enfants. C'est horrible! Ce serait désespérant si en face de ce spectacle de mort nous n'avions à contempler un spectacle de vie.

« Quel mouvement, quelle explosion d'amour et de patriotisme dans la bonne ville et dans tout le diocèse d'Angers! La France appelle aux armes ses enfants, aussitôt l'emprunt départemental s'ouvre; les catholiques et les communautés religieuses rivalisent de zèle pour le couvrir; les bataillons se forment, s'équipent, se mettent en marche; les séminaristes sont aux premiers rangs, et les prêtres dévoués se tiennent auprès des jeunes soldats, pour soutenir leur courage en face de la mort et les secourir sur le champ de bataille.

« Les pauvres vont souffrir de la suspension du travail et de l'absence des bras valides au foyer domestique : voici que les fourneaux économiques fument dans tous les quartiers et préparent la nourriture des nécessiteux.

« Les blessés arrivent par milliers ; vite la sainte armée de la charité vole à leur rencontre ; nobles dames, humbles filles, élèves du sanctuaire, pieux laïques, les reçoivent entre leurs bras et les portent dans les vastes ambulances où les attendent mille soins délicats.

« Les prisonniers de guerre font entendre un cri de détresse ; à ce cri répondent de généreuses aumônes que les membres du comité angevin vont porter jusqu'aux extrémités de l'Allemagne.

« Enfin, tout s'agite pour le bien, et au fond de cette agitation sainte on rencontre toujours le même homme. Il conseille, il encourage, il ordonne, il organise, il multiplie sa présence, il se dépouille, il sacrifie les plus chères espérances de son Eglise, il proteste contre les mauvais vouloirs, il parle au roi vainqueur avec une hardiesse et une émotion patriotiques qui excitent l'admiration et arrachent des larmes, il conjure le ciel, il fait appel aux miséricordes du cœur de Jésus, il pleure sur les morts, il est le vivant commentateur de ces paroles de l'Apôtre : « Je me dépense et me dépense encore pour ceux que j'aime ; *Impendar et superimpendar.* » Cet homme, c'est le père de famille, c'est l'évêque ! — Monseigneur, soyez béni !

« Toujours prêt aux bonnes œuvres, vous avez en un instant arrêté la fondation de celle que vous proposa une pieuse et noble femme dont le deuil n'a pu se consoler que par le dévouement. Quand elle disait à Votre Grandeur : « Si les pères meurent au combat, que deviendront les enfants ? » vous répondiez aussitôt : « Nous fonderons l'œuvre des Orphelines de la guerre, ce sera un nouveau joyau dans notre écrin de charité. »

« Cette œuvre, Monseigneur, méritait l'attention et la sollicitude de votre cœur, si généreux et si français. Elle est la juste et naturelle récompense du sang versé au service de la patrie, elle se recommande par les attraits et les charmes propres à l'enfance. On a pitié d'une fleur sans soutien, d'une couvée abandonnée, comment ne se pencherait-on pas avec amour vers des enfants privés par la mort de celui qui est la force et la vie du foyer domestique ? Tant qu'il est là, sa main robuste arrête la pauvreté sur les pentes de la misère ; sa femme, moins inquiète des premières nécessités de la vie, peut prodiguer aux enfants les soins dont une mère seule a le secret. Que le père vienne à disparaître, tout le poids de la famille retombe sur la mère. Si son amour ne faiblit pas, ses forces ne peuvent répondre à tous les besoins. Elle s'épuise à gagner le pain de chaque jour. Lasse et souvent découragée, elle ne sait plus donner aux âmes leur immatérielle nourriture. Dans cette famille mutilée où il n'y a pas d'éducation, les corps se soutiennent tandis que les âmes s'affaissent, l'ignorance et la grossièreté préparent petit à petit tous les vices.

« Venir en aide aux pauvres femmes victimes du devoir accompli par leurs maris, recueillir leurs enfants dans un pieux asile où ils entendront parler de Dieu, de la grâce, du devoir, de la vertu ; développer par l'éducation dans l'âme de ces enfants le sentiment religieux, l'amour du vrai et du bien, former leur esprit et leur cœur, les préparer à une vie laborieuse, honnête et chrétienne, les conduire dans la modestie et la simplicité jusqu'aux portes de ces carrières obscures, mais utiles, que sanctifient l'amour de Dieu et l'habitude du sacrifice, tel est, Monseigneur, le but que vous vous êtes proposé en fondant l'Orphelinat de Notre-Dame-des-Anges.

« Dieu s'est plu à vous mettre sous la main tous les éléments de cette fondation et ce sont des éléments choisis, comme exprès, pour des Orphelines de la guerre. C'est la veuve d'un officier de marine, aussi distingué par la noblesse du cœur que par la noblesse du sang, héroïque aux combats, mort sur des plages lointaines où les missionnaires se rappellent

encore, avec reconnaissance, les services de
son amitié dévouée ; c'est la fille d'un vieux
chevalier de Saint-Louis, brave officier,
dont la poitrine était couverte de blessures et
de décorations ; héritière d'un grand courage
et pleine de nobles souvenirs ; cette vaillante
fille n'a pas hésité à quitter une famille aimée,
à briser les plus doux liens du cœur, pour
venir élever et chérir les enfants des victimes
de la guerre ; c'est un brillant élève de Saint-
Cyr, devenu, par un généreux mépris de la
fortune, milicien de la sainte armée francis-
caine, dans les rangs de laquelle ont brillé
jadis les Jean de Capistran, les Laurent de
Brindes qui, par leurs conseils, leurs encou-
ragements, leurs prières, gagnaient de mémo-
rables victoires ; ce sont les filles de saint
François, amant sublime de la pauvreté. Tout
jeune il rêvait les combats ; mais l'amour de

Dieu ayant vaincu dans son cœur l'amour de la gloire, il prit la croix au lieu du glaive, et partout il allait chantant : « Je suis soldat, soldat du Christ. » Enfin, Monseigneur, je devrais dire : c'est toute votre bonne ville d'Angers, car elle a cru en votre parole et obéi sans hésiter à vos désirs ; un pieux fils de Saint-Benoît a ouvert la porte des bienfaits en donnant l'hospitalité à l'œuvre naissante, et, de toutes parts, les dons se sont empressés, comme pour rendre témoignage de la confiance publique et de l'amour qui est dans tous les cœurs.

« Maintenant tout est prêt. Que Notre-Dame-des-Anges ouvre son manteau pour recevoir les orphelines. O mère, vous voyez le fruit de nos malheurs, ayez pitié! Montrez, par la protection que vous accorderez à ces chères petites, que nous pouvons encore espérer en vous et attendre de votre amour le miracle qui nous rendra et la vie et l'honneur. Et vous, mes enfants, entrez sous le manteau de la sainte Vierge ; croissez, multipliez-vous, devenez bonnes, honnêtes et pieuses, rendez à tous par la prière le bien qui vous est fait. Soyez la voix d'amour et de louange qui nous obtienne du Ciel miséricorde et pardon pour tant de haines et de blasphèmes qui outragent la sainte majesté de Dieu. Demandez à Dieu qu'il venge par la régénération de notre pays le sang de vos pères. Demandez surtout pour celui qui s'est fait votre père une grâce sans laquelle il n'y a pas de paix pour son cœur ; l'ennemi lui a ravi sa mère, que sa mère lui soit bientôt rendue, que bientôt il puisse dire en voyant sa chère Alsace : C'est toujours ma patrie ; c'est ma France tant aimée ! »

L'auditoire était encore sous le charme de cette allocution si pleine de délicatesse et, disons-le, de vérité, lorsque Monseigneur s'est levé et a pris à son tour la parole. Ne voulant rien ajouter à ce que venait de dire le grand orateur, l'illustre conférencier de Notre-Dame de Paris, Sa Grandeur tenait cependant « à remercier d'une « manière toute particulière et publique- « ment les personnes qui se sont dévouées « à l'œuvre des Orphelines de la guerre, « tant les pieuses filles de Saint-François « qui venaient consacrer si généreusement « leur vie aux soins des enfants délaissées, « que le saint religieux fils de Saint-Benoît « qui a prêté à l'œuvre sa maison pater- « nelle. » Puis s'adressant aux petites filles, il leur a rappelé cette parole de l'Écriture :

« Mon père et ma mère m'ont abandonnée,
« mais le Seigneur m'a recueilli : *Pater*
« *meus et mater mea dereliquerunt me,*
« *Dominus autem assumpsit me,* » et les
a exhortées à la reconnaissance à l'égard
des personnes qui leur tenaient lieu de
leurs chers absents, leur rappelant que
« cette reconnaissance devait se manifester
« surtout par une affectueuse docilité et
« un pieux empressement à répondre aux
« enseignements qui leur seraient donnés.
« Je reviendrai souvent dans cette chère
« maison » a dit en terminant notre digne
Prélat, « je viendrai juger vos travaux, vos
« progrês, vous encourager, en un mot,
« vous témoigner mon intérêt tout pa-
« ternel.

« En attendant, recevez la bénédiction

« que je donne de tout mon cœur, à vous,

« à vos chères directrices, et à toutes les

« personnes qui veulent bien s'intéresser

« au succès de cette œuvre naissante. »

Les assistants ont été d'autant plus vivement impressionnés de ces deux discours qu'ils touchaient une corde facile à émouvoir dans le cœur angevin, la corde de la charité et de la reconnaissance.

Après la bénédiction du Très-Saint Sacrement qui a terminé la cérémonie, Monseigneur s'est rendu dans une salle où l'attendaient les directrices de la maison et leurs chères petites filles. Une des orphelines a complimenté Sa Grandeur par ces strophes charmantes qu'avait composées une de leurs nouvelles mères :

MONSEIGNEUR,

Le Seigneur avait dit aux foules ignorantes
Qui des enfants au loin chassaient l'essaim joyeux :
« Laissez venir à moi ces âmes innocentes,
    « Je leur garde les cieux. »

Comme Lui, Monseigneur, quand nos parents naguère
Tombaient pour la patrie et nous disaient adieu,
« Enfants, nous dîtes-vous, vous n'avez plus de père,
    « Je vous en tiendrai lieu.

« Sans doute, je ne puis vaincre la mort cruelle
« Ni vous rendre celui que la tombe a ravi ;
« Mais je saurai trouver une aile maternelle
    « Pour vous mettre à l'abri. »

Vous avez dit : des cœurs, des âmes généreuses
A votre noble appel bientôt se sont rendus,
Et nous trouvons ici les caresses pieuses
    De ceux qui ne sont plus.

Ah ! si comme on le dit, Dieu protége l'enfance,

C'est à Lui qu'à présent notre voix a recours ;

Qu'il daigne de vos soins être la récompense,

Et vous bénir toujours.

Ainsi soit-il.

Monseigneur, tout ému des accents de cette voix enfantine, a promis à ses chères orphelines, dont il s'est fait le père, de leur continuer toujours sa protection et son tendre intérêt, et leur a donné sa bénédiction.

Puisse le récit de cette fête de famille attirer sur la maison des Orphelines de la guerre l'attention bienveillante et la sollicitude des âmes charitables de la ville et du diocèse d'Angers !

MAISON

DES

ORPHELINES DE LA GUERRE

SOUS LE

PATRONAGE DE NOTRE-DAME-DES-ANGES

ET LA

Haute direction de Monseigneur l'Évêque d'Angers

Rue St-Eutrope, n° 3 (près de l'Esvière)

BUT DE L'ŒUVRE

Cette maison est fondée, pour mettre à exécution la lettre circulaire de Sa Grandeur Monseigneur l'Évêque d'Angers, en date du 24 janvier 1871, instituant l'*OEuvre des Orphelines de la guerre.*

On les y recevra en aussi grand nombre que le local le permettra.

L'éducation qui sera donnée à ces enfants,

sera de nature à développer en elles, des sentiments religieux, à former à la fois leur esprit
et leur cœur, et à les mettre à même de remplir
dans le monde une vie honnête et laborieuse.

Les personnes qui se chargent de cette Œuvre,
appartenant au Tiers-Ordre séculier de saint
François d'Assise, s'efforceront d'inculquer à
leurs enfants, les sentiments d'humilité, de
pauvreté et de simplicité, qui conviennent à
l'état auquel elles sont destinées.

Les prières des maîtresses et des enfants, de-
meurent entièrement acquises aux bienfaiteurs
de l'Œuvre.

Note du trousseau des orphelines.

2 couvertures dont 1 de laine et 1 de coton, avec
dessus de lit en percale blanche, de 2^m 1/2 de lon-
gueur et 2^m de largeur.

2 paires de draps.

6 chemises.

2 camisoles de laine (tricot).

6 bonnets de nuit.

6 serviettes.

3 essuie-mains.

12 mouchoirs de poche.

6 cols unis, blancs.

2 jupons.

2   id.   tricot ou flanelle.

2 robes, dont une en mérinos noir avec talma pareil.

3 tabliers quadrillés bleus.

2 corsets.

3 paires de bas de coton.

3   —   —   de laine.

2 résilles noires.

1 chapeau rond en paille noire, garni de velours noir.

1 voile en mousseline.

2 paires de chaussures.

1 malle ou un coffre.

1 boîte à peigne avec ses accessoires.

1 couvert en métal avec couteau et timbale.

CONDITIONS

100 francs d'entrée et 200 francs par an, pour les premières années.

La pension est payable en deux termes et d'avance, savoir :

100 francs le 24 juin et 100 francs le 25 décembre de chaque année.

Les parents des enfants pourront les voir au parloir, tous les 1er dimanche du mois, de 1 heure à 3 heures.

Il n'y a point de sorties, ni de vacances. Les enfants seront admises depuis 7 à 10 ans, et seront gardées jusqu'à 21 ans.

On recevra avec grande reconnaissance, au nom des intéressantes victimes de la guerre, toutes les offrandes en argent ou en nature pour cette fondation.

Prière de s'adresser pour tous renseignements et aumônes, à Madame la Directrice de l'Œuvre.

Nota. — Nous avons cru nécessaire de joindre les explications suivantes aux conditions du prospectus :

En principe, les enfants sont reçues gratuitement dans la maison des Orphelines de la guerre, il est donc bien entendu, que les conditions d'admission ci-dessus énoncées, s'appliquent seulement aux personnes qui veulent bien adopter *une* ou *plusieurs* orphelines et qui ont la grande charité pour seconder l'Œuvre naissante de verser cette somme. Mais il n'y a aucune obligation, ni prix fixe, ces conditions n'ayant été faites que sur des demandes pressantes et pour éviter des démarches d'une part et des répétitions de l'autre.

ANGERS, IMP. P. LACHÈSE, BELLEUVRE ET DOLBEAU.